LA
RÉPUBLIQUE CONSERVATRICE

PAR

M. DUPONT WHITE

PARIS

GUILLAUMIN ET Ce, LIBRAIRES

RUE RICHELIEU, 14.

1872

LA

RÉPUBLIQUE CONSERVATRICE

PAR

M. DUPONT WHITE

PARIS

GUILLAUMIN ET Cᵉ, LIBRAIRES

RUE RICHELIEU, 14.

1872

LA

RÉPUBLIQUE CONSERVATRICE

Il me semble qu'on attache une importance démesurée à la forme du gouvernement. Comme il faut à toute société un organe du droit et du bien public, comme les individus n'arriveraient jamais d'eux-mêmes à rien de semblable, vous pouvez bien penser que cet organe, c'est-à-dire que le gouvernement, paraîtra partout, et que partout il fera son office à travers les mécanismes les plus variés. Cela est vrai, surtout à l'égard des sociétés modernes, qui s'avancent sous le poids du passé, sous l'attraction de l'avenir, avec des mœurs et des aspirations plus impérieuses chaque jour, dans des routes dont elles ne peuvent s'écarter. A ce moment de leur histoire, toute déviation, toute anarchie est défendue aux peuples. Il arrive alors que l'habitude et la tendance des choses s'empare des gouvernements, subordonne et maîtrise ces organes, y mettant soit une âme, soit une pièce qui les pousse à toute leur fonction, pour en tirer la vie et la destinée sociales (1).

---

(1) Cela n'est pas particulier aux organes humains, aux organes politiques. On dit que les naturalistes rencontrent dans leurs études maint exemple de fonction vitale servie et accomplie par les organes les plus imprévus, les plus difformes en quelque sorte ;

Vous allez peut-être me dire qu'il y a des organes plus ou moins capables de leur fonction, des moyens plus ou moins appropriés à la fin poursuivie, que dans le monde physique cette équation est le cas le plus ordinaire, et qu'en matière sociale, on doit chercher, on doit même trouver des formes de gouvernement plus ou moins accommodées à la fonction du gouvernement. — Oui, sans doute, mais ces formes sont variables, parce que le fond qu'elles ont charge d'exprimer est lui-même à conditions et à données variables, tout en gardant ses fins essentielles. Ce fond, c'est le droit, c'est le bien public, deux choses dont le gouvernement est l'organe, mais deux choses qui changent, qui ne sont pas les mêmes aujourd'hui par exemple qu'au moyen âge.

Si le droit est désormais l'égalité de tous devant la loi et la vocation de tous à faire la loi, ce qui est le cas du suffrage universel...., il est très-possible que les anciennes formes ne suffisent plus. Ceci nous conduit à signaler une seconde erreur des partis, qui est de prêter

---

c'est ainsi que certains animaux respirent par les pattes. Etonnez-vous donc après cela que le régime monarchique ait pu devenir celui de la liberté, ainsi que nous le verrons tout à l'heure. Toute fonction crée son organe : cela revient à dire que la vie passe partout et se fait jour à tout prix. Vous pouvez bien dire, avec M. de Bonald, que l'âme est une intelligence servie par des organes : mais le fait est qu'au besoin elle organiserait elle-même ce service. Tout comme des traits grossiers peuvent exprimer et refléter une grande âme, celle de Socrate, de même les plus grossiers moyens de gouvernement peuvent servir à cette éminente fonction du droit et de l'intérêt public. Il n'y a pas d'enveloppe que ne perce ou ne maîtrise la puissance d'un fond, d'une fin supérieure et impérieuse, la vie enfin. La vie est dans le monde, pour y prendre partout les formes et les habitudes qui l'expriment sous ses divers aspects. De là le cosmos et ses lois. Le règne humain, la cité politique, ont leur part de ce bénéfice nécessaire.

aujourd'hui aux formes de gouvernement l'effet qu'on leur a connu autrefois, bon ou mauvais, l'effet pour lequel elles sont signalées et reputées dans l'histoire.

Ainsi l'on continue à croire que la forme républicaine est celle où se réalise le mieux la liberté des peuples, et que la monarchie est un instrument d'ordre, un principe de stabilité entre tous. J'appelle cela préjuger les choses, au lieu de les juger.

Il y a du nouveau dans le monde—par voie de progrès ou par voie de décadence, c'est ce que je n'examine pas pour le moment. — Ce nouveau, il faut en tenir compte, sous peine d'appliquer au présent des traditions sans âme, des instruments qui ont perdu leur force et leur précision. Pour ma part, j'incline à croire, d'après ce qui se passe en Angleterre depuis deux siècles, que la monarchie est l'instrument libéral entre tous, un merveilleux appareil pour laisser faire et laisser passer la volonté d'un peuple ; qu'elle est capable au moins de ces transformations. Aussi bien, je crois lire dans notre histoire la plus récente, que la République excelle aux répressions, c'est-à-dire au maintien de l'ordre, de la paix publique, de la stabilité : autant de vertus nouvelles qui se sont révélées en cette forme de gouvernement.

Nous voulons de l'ordre actuel, et avec cela l'horizon, les perspectives nécessaires pour exercer nos plus grandes facultés, la prévoyance par exemple; il y va de la vie individuelle et sociale. En outre, nous voulons gérer ou contrôler de fort près la chose publique; sans quoi elle tournerait contre nous et deviendrait un privilége de classe ou de dynastie : ce qui touche à l'honneur et à l'intérêt d'une société. Voilà deux choses éminemment précieuses et vitales. Toutefois n'y a-t-il qu'une manière de les obtenir, qui est l'ancienne ? Les sociétés ont des besoins immuables, mais dont les moyens de satifaction sont variables. Il y aurait un certain aveuglement à compter sur les anciens mécanismes pour rendre aujourd'hui, parmi des mœurs et des institutions renouvelées, les mêmes services qu'autrefois. Assurément, le passé nous fait voir des procédés et des formes qui ont rendu certains services à nos ancêtres, en fait d'ordre et de liberté. Mais le moyen de croire que ces mécanismes soient encore de mise dans un monde comme le nôtre, défait et refait de tant de façons, quand une société nouvelle a non-seulement détruit, mais remplacé l'ancienne société? Je ne puis croire, le milieu étant changé, à l'efficacité persistante des mécanismes qui opéraient jadis avec plus ou moins de succès, dans le milieu évanoui. Il y a tel moment où les choses du passé deviennent des chimères et des ombres, très-semblables sous ce rapport aux rêves d'avenir les plus hasardeux. On peut se demander lequel vaut mieux pour une institution, d'être répudiée et congédiée par les faits, ou de n'avoir pas subi cette épreuve. La monarchie par exemple n'est-elle pas suspecte, justement pour avoir régné si longtemps, de quelque disproportion avec les temps actuels?

Ici m'attend une objection qui a les plus hautes apparences historiques. — « Il suffit, me dit-on, que le fond « des choses ait changé, qu'un fond nouveau porte les « gouvernements, qu'une âme nouvelle ait poussé à ces « mécanismes. Voyez donc ce qui est arrivé au ministère « public, aux magistrats du parquet. Ces magistrats « n'étaient au moyen âge que les avocats du roi, pour « revendiquer au nom du roi l'amende qui appartenait « au souverain en toute condamnation criminelle (les « amendes étaient au moyen âge, un des revenus les plus « clairs de la royauté). C'est de là qu'ils sont partis pour « devenir ce qu'ils sont aujourd'hui, c'est-à-dire les or-

« ganes de la société, les instruments de la vindicte
« sociale, *public prosecutors*, comme disent les Anglais,
« enfin une institution publique dans toute la force du
« terme, au lieu d'une agence privée, fiscale tout au plus.
« Cela nous montre que peu importent le nom et la forme
« d'une institution particulière, quand elle a changé
« d'âme. On en peut dire autant de l'institution politi-
« que elle-même. Pourquoi troubler le monde en ajou-
« tant une étiquette nouvelle au renouvellement des
« choses elle-mêmes, en changeant des noms et des
« apparences qui ménageaient les transitions, les pré-
« jugés, les amours-propres, qui faisaient même aux
« hommes une salutaire illusion de durée? Est-ce que
« la monarchie anglaise rendrait plus de services à
« l'Angleterre sous le nom de République que sous
« son nom et dans son état actuels? »

L'Angleterre et tout le monde avec les Anglais, répondra : *non*! de la manière la plus catégorique. Il faut voir
en effet ce que vaut la monarchie actuelle des Anglais.
Elle est supérieure à la République; car elle exprime et
impose la volonté nationale, plus promptement, plus
assurément qu'aucune République où le Président est
armé d'un veto et peut opposer ce veto, tant qu'il est
Président. De sorte que la volonté d'une nation subit,
sous ce régime républicain, un ajournement inconnu à
la monarchie parlementaire. Mais, le nom à part, est-ce
une monarchie qui fonctionne en Angleterre? Je n'en
crois pas un mot; je ne vois plus au monarque anglais
que le droit héréditaire de nommer les ministres voulus
par le parlement, qui lui-même est élu et voulu par la
nation : un simple droit d'investiture. Voilà, si je ne me
trompe, une altération profonde de la royauté, où rien
ne rappelle ni les Plantagenet, ni les Tudor, ni même
les Stuart, rien que le nom. A cette heure, le pouvoir est

électif en Angleterre, parce qu'il appartient à des ministres que le parlement impose à la couronne: tel est
le fait acquis à la nation anglaise, consacré par un usage
et par des mœurs irrésistibles. Pourquoi donc les Anglais
prendraient-ils la République, quand ils l'ont déjà dans
cette électivité du pouvoir exécutif, qui est le trait unique
et fondamental du régime républicain? Ainsi réformée,
ainsi détruite pour ainsi dire, la monarchie est bonne à
garder ; mais parmi nous, Français, est-elle arrivée à
cette perfection, et surtout peut-elle y arriver?

C'est une grave question ; mais j'en sais une autre infiniment plus grave et plus urgente. Oui, sans doute, il
faut faire grand état de la liberté ; il faut chercher le
gouvernement qui se prête le mieux au droit d'une société sur elle-même : il faut reconnaître l'avantage à cet
égard de la monarchie parlementaire sur la République.
Mais, après tout, la liberté n'est pas le besoin le plus actuel et le plus vital de notre société. Ce besoin, c'est plutôt la restauration de l'ordre dans la rue, dans les idées,
dans les institutions. Bref, nous en sommes à ce point
que notre plus grande affaire, c'est la défense sociale.
Telle est cette situation ou plutôt cette angoisse qu'elle
nous impose, au-dessus de toutes raisons théoriques ou
historiques, le gouvernement le plus capable de la traverser, de la surmonter. Rien ne prouve que la monarchie
soit ce gouvernement ; car, c'est celui d'un homme qui
a charge d'une dynastie, tout autant que d'une société,
qui doit tout ménager, dans le présent et dans l'avenir,
pour lui et pour les siens. Une dynastie hésitera quelquefois devant les répressions. A cette fin, rien ne vaut
la république, qui a la force de tous, le nom et la res-
ponsabilité de tous, c'est-à-dire de personne, par où elle
est faite, comme pas un gouvernement, pour mettre le
pied sur les rébellions. La République, en raison de cette

énergie native, est menaçante pour la liberté publique et pour les droits individuels ; mais il y a quelque temps déjà que nous n'avons plus le choix de notre conduite, et peut-être aujourd'hui nous faut-il prendre la république par la même raison que nous avons fait la paix, et que nous nous sommes confiés au chef actuel du pouvoir exécutif.

§

C'est une singulière chose à dire aux gens que de leur parler République dans l'intérêt de l'ordre. Les préjugés sont terribles contre la République, suscités par les crimes de 1793 et entretenus par les désordres qui ont coïncidé deux fois depuis lors avec l'apparition de la république. Un nom sous lequel des crimes ont été commis en demeure taché à jamais. On dirait un péché originel et irrachetable, une Némésis toujours flagellante. Mais je vous prie bien de le remarquer, tous les noms de gouvernement en sont là : Monarchie, Aristocatie, Théocratie, aussi bien que République. Véritablement, c'est merveille qu'il reste encore quelque chose pour imposer aux hommes le respect ou même simplement l'obéissance, l'humanité officielle et souveraine, c'est-à-dire là où après tout elle vaut le mieux, n'ayant cessé de commettre des crimes sous toutes les bannières, sous toutes les invocations. Je ne sais pourquoi ce vers de Corneille me revient à l'esprit :

Mais quoi ! toujours du sang et toujours des supplices !

Un mot tout pareil à celui de Châteaubriand, qui s'écrie, traversant Constance et visitant la place ou Jérôme de Prague et Jean Huss furent brûlés : « *Enfin toutes les abominations ordinaires de l'histoire et de la société.* »

Il faut que la conscience humaine soit bien exigente et bien impérieuse en cet effet qui consiste à vouloir un gouvernement, quand cet organe public du droit a été si souvent une machine pour tuer et pour spolier. Cependant, on ne laisse pas que de vouloir des gouvernements, à raison, à très-grande raison : car les hommes, livrés les uns aux autres, se feraient encore plus de mal, iraient encore plus loin dans la boue et dans le sang, par la voie individuelle et anarchique que par la voie officielle et souveraine. Quelquefois même on veut des gouvernements d'une certaine forme, exclusive, absolue, qu'on estime salutaire et indispensable.

« Je veux de l'avenir, dites-vous, je veux de l'espace
« pour mes affaires qui ne sont que des avances à l'ave-
« nir, pour mes combinaisons de famille, pour l'éduca-
« tion et la carrière des miens ; j'en veux même simple-
« ment pour construire et planter. Or c'est justement ce
« que la République me refuse, non-seulement par
« l'instabilité du pouvoir exécutif, par un système qui
« est le changement, mais par le jeu et la menace des
« passions qu'elle allume au cœur du peuple.

« Quand vous parliez tout à l'heure du besoin de
« sécurité, vous n'en avez pas assez dit, vous n'êtes pas
« monté assez haut, ou du moins vous n'avez pas
« démêlé tout ce qu'on découvre de ce point de vue.
« Il n'y a rien de grand au monde comme la sécurité.
« Le progrès lui-même, le progrès que vous adorez,
« n'approche pas de ces proportions. La sécurité est le
« premier besoin des peuples, parce que la prévoyance
« est le premier attribut des hommes. Notre esprit
« atteint l'avenir : c'est même par là que nous sommes
« esprit, c'est-à-dire supérieurs à l'instinct, qui est une
« faculté animale, une irréflexion, un appât des choses
« sensibles et actuelles. Or, à cette nature de l'homme il

« faut sa condition, il faut un avenir où il puisse se con-
« fier, la certitude d'une série de lendemains, tous sem-
« blables à la veille, la récompense assurée aux efforts,
« aux travaux et surtout aux épargnes du passé. La
« nature, par la régularité de ses lois, fournit cette base
« à nos actes et donne cet exemple à nos lois, à nos gou-
« vernements. Faire de la sécurité est la plus grande
« fonction des gouvernements : c'est le principal aspect
« du droit dont ils sont les organes. Mais pour en faire
« ils ont besoin d'en avoir eux-mêmes, c'est-à-dire d'être
« stables, continus, maîtres de l'avenir : par où la sécu-
« rité est un produit monarchique. C'est ainsi que se
« forment les sociétés exemplaires, ne se développant
« sous la loi du progrès qu'après s'être établies et assises
« dans la constance des traditions. La tradition est parmi
« les hommes ce que la continuité est dans la nature
« physique, un cas particulier d'une loi universelle.
« Tradition est un mot qui exprime bien les effets de
« la continuité. Pour avoir quelque chose à se transmet-
« tre, il faut que les hommes aient eu le temps d'ac-
« quérir quelque chose, ajoutant au peu de durée indi-
« viduelle qui leur est départi les bénéfices de la durée
« collective.

« Acquérir des mœurs et des institutions n'est pas
« donné à tous les groupes humains. — Pourquoi donc,
« disent les philologues, n'y a-t-il que trois familles de
« langues : l'Aryenne, la Sémitique, la Touranienne ?
« Est-ce que les hommes ne parlent pas, n'échangent
« pas leurs idées en dehors de ces trois idiomes ? — Oui
« sans doute, mais le langage de ces hommes est éphé-
« mère et flottant, il ne s'est jamais concentré, consolidé,
« comme les langues dont on vient de faire mention. »

« Ces philologues ou plutôt ces philosophes font une
« observation toute pareille sur les religions, lesquelles

« sont en petit nombre, encore que le sentiment religieux
« soit universel. Langue et religion ne valent que par la
« fixité, c'est-à-dire par la durée (1). Ce qui établit
« péremptoirement la valeur suprême de cet élément,
« c'est qu'il est l'exception et non la règle parmi les
« agglomérations humaines. La plupart sont vouées à
« des langues et à des religions flottantes, variables,
« selon le caprice ou l'instinct des générations succes-
« sives. Or, tout cela est à considérer et nous prépare à
« comprendre les vraies conditions du progrès, en matière
« sociale et politique. Que l'homme soit libre et progres-
« sif, cela ne fait pas de doute ; cette marche à l'idéal est
« un des attributs qui le distinguent du reste de la créa-
« tion. Il tient cependant au reste de la création par
« certains traits de sa nature qui se débat dans un
« milieu physique, parmi la matière et les lois de la ma-
« tière ; c'est pourquoi il demeure dans les liens du passé.

« Comme *la nature ne fait pas de sauts*, a dit un natu-
« raliste, la société elle-même est obligée à une grande
« circonspection. Elle marche vers l'avenir meilleur qui
« lui appartiendra ; mais elle y marche à pas comptés.
« Elle s'avance sous le poids du passé, dont quelque
« chose persiste toujours dans ses allures les plus vives
« et dans ses réformes les plus hardies. Il faut même
« qu'à chaque moment de notre vie individuelle ou
« sociale l'élément ancien l'emporte sur l'élément nou-
« veau. Cette prépondérance nécessaire est ce qui distin-
« gue les réformes des révolutions ; cette nécessité mé-
« connue est ce qui borne et stérilise les révolutions. Il
« ne peut en être autrement. Le passé est la matière de
« l'avenir et le point de départ, le point d'appui du pro-

---

(1) Voir là-dessus le cours que fait à Oxford M. Max Muller, intitulé : *la science des religions.*

« grès humain ; sans quoi ce n'est pas progressif que
« serait l'homme, mais créateur... Ainsi la tradition est
« une des lois qui nous gouvernent : cette loi est ce qui
« fait la sécurité : la force qu'elle emploie dans la
« sphère des institutions pour produire son effet, c'est
« la monarchie. »

§

Telle est l'objection monarchique dans toute son apparence. Nous verrons tout à l'heure si la monarchie est capable aujourd'hui d'accomplir tout ce qu'on lui demande
en fait de continuité, de stabilité et de sécurité. Mais il
faut voir au préalable si nous n'avons pas appris à nous
passer de tout cela depuis 89, et si nous ne sommes pas
restés au nombre des plus civilisés, malgré ces étranges
lacunes. Il est certain que l'instabilité du pouvoir exécutif est chose acquise et acclimatée parmi nous depuis
environ quatre-vingts ans où nous avons eu treize gouvernements, monarchiques la plupart, et prétendant à
l'éternité par l'hérédité. Or, il ne paraît pas que ces vicis-
situdes aient fait obstacle au progrès du pays, notamm-
ment à ce progrès économique qui vit de sécurité entre
tous, et qui à cette heure est le premier de vos soucis.
Oui, nous avons fait une immense fortune parmi tant de
perturbations et de crises qui semblaient faites pour
épuiser toute richesse acquise et pour entraver toute for-
mation de richesse nouvelle. Un chancelier de l'Echiquier
constatait dernièrement, dans un exposé financier, ou
plutôt reconnaissait en ce pays un train, une allure d'en-
richissement supérieur à celui de la Grande-Bretagne (1).

---

(1) Voir le *Financial statement* de M. Gladston dans le *Times* du
20 avril 1866.

Si nous avons eu tous les fruits de la stabilité, malgré des gouvernements instables, pourquoi montrer tant d'alarme au sujet de cette instabilité qui s'appelle République?

Je veux prévoir ici une insistance des plus spécieuses. qui s'exprime en ces termes :

« L'instabilité que nous avons vue depuis 89 était un pur fait, un simple accident, elle n'était pas un principe et un régime avec toutes ses menaces. Si l'instabilité du pouvoir exécutif se montre çà et là dans notre histoire récente, nonobstant le texte des constitutions, ce n'est pas une raison pour l'agréer, pour en faire un texte et l'établir dans les lois. Ce serait ériger la révolution en régime et créer en ce pays une aventure sans fin que d'y vouloir le renouvellement périodique du pouvoir exécutif.

« C'est peut-être une illusion que l'hérédité monarchique ; mais cette illusion produit un bien positif, qui est la sécurité. Sous l'empire de cette illusion, on travaille à longue échéance, on pense, on plante, on bâtit, on creuse, on défriche, on navigue, on fait œuvre puissante de toutes les facultés humaines, et l'on acquiert des forces pour traverser ou combattre les catastrophes du réveil.

« Cette prodigieuse richesse reconnue par nos voisins n'est imputable ni au libre-échange, ni aux chemins de fer, ni à quoi que ce soit de particulier, mais à la sécurité, à l'idée d'un lendemain rémunérateur, à l'idée des profits réservés aux épargnes, aux efforts. Gardez-vous de toucher à la monarchie, à la précieuse illusion monarchique, où l'on rêve la permanence de l'ordre sous un pouvoir héréditaire, où prévoir est chose permise et encouragée... On acquiert, en rêvant ainsi, les plus précieuses réalités. »

Tout cela revient à dire que nous avons sous le régime

monarchique l'illusion au moins de la stabilité, et que nous ne l'aurons plus sous le régime républicain. J'en tombe d'accord. Mais croyez-vous que vous allez retrouver cette illusion en restaurant la monarchie? Comment! vous pensez écrire encore à la fin d'une Constitution que *tel prince est appelé à régner sur les Français à perpétuité, lui et les siens, de mâle en mâle, par ordre de primogéniture.* C'est faire en pure perte une grande dépense de gravité. On sait bien qu'une société ne dépend pas absolument de sa Constitution écrite, que Burke appelle cela *des chiffons de papier noirci à propos des droits de l'homme.* Toutefois une mauvaise constitution peut faire du mal, à preuve celle de 1848, et je ne puis m'empêcher de penser avec Boileau qu'il faut même en ces documents du bon sens et de l'art. A ce compte, il n'est plus permis de copier ce postscriptum de nos constitutions défuntes, cet article sans conviction auquel sous l'empire déjà personne ne croyait plus, pas même l'empereur qui fit allusion, dans un de ses plus mémorables discours, à l'avenir obscur, à l'incertaine destinée de ces enfants qui naissent aux Tuileries. Il y a une fin à tout, même aux plus décevantes illusions, quand elles négligent obstinément de se réaliser. Il ne faut plus demander à la monarchie ce qu'elle ne peut plus produire, ni par la force des institutions, ni par celle des imaginations. Cet organe ne peut faire aujourd'hui la sécurité qu'il faisait jadis. Il faut voir ce que devient un organe quand tout change autour de lui et vient déconcerter son ancien jeu. Si notre atmosphère respirable venait à changer, est-ce que nous pourrions respirer par le même appareil qu'aujourd'hui? Je n'en sais absolument rien, je suppose que non. Dans une société où des forces nouvelles ont paru et sont aux prises avec les anciennes forces, *la paix du roi est impossible* : la paix publique veut un autre pouvoir que celui du roi, parmi de tels antagonistes, dans une lutte qui a pris de telles proportions. Il n'y faut pas moins que la force d'un parti, de celui qui occupe le pouvoir en passant et qui a le droit de s'appeler la force de tous, qui ne sera pas renversé pour cela, parce qu'il sera remplacé à son heure par le jeu naturel de l'institution républicaine et de l'électivité du pouvoir.

Vous êtes inquiets des passions populaires, des griefs socialistes qui vont être allumés par le nom de Répu-publique. C'est là qu'est votre principale objection. A ce propos je n'essaie pas de vous rassurer; je vous engage seulement à changer de crainte. Ce n'est pas la Républi-que qui met le feu aux revendications populaires, c'est le suffrage universel, une étincelle permanente que je ne suis pas chargé de défendre. C'est peut-être ici le cas de s'arrêter et de regarder en face le suffrage uni-versel.

S'il y avait parmi nous une institution récente mais indestructible, fondamentale et magistrale, avec tous les germes du pouvoir absolu et toutes les légitimités d'un droit individuel, c'est là qu'il faudrait aviser et pourvoir sans délai comme sans relâche, toute affaire et toute inclination cessant. Tel est le suffrage univer-sel: la démocratie est là en son gîte, où elle rêve peut-être une société nouvelle. Notre avenir dépend tout en-tier de la manière dont se conduira le suffrage univer-sel, ou dont il sera conduit par les classes supérieures, réglé et façonné par les institutions. Salut ou catastrophe tout est là pour nous, uniquement là.

Vous avez peut-être vos passions ou vos penchants politiques. Il vous plairait peut-être d'instituer telle forme de gouvernement et d'en revêtir tel personnage selon votre cœur, selon vos souvenirs. Luxe et imprudence que tout cela ! Vous n'avez pas le temps, vous n'avez pas le droit de vous arrêter à ces bagatelles extérieures. Entrez donc s'il vous plaît dans le fond des choses et donnez-vous la peine de considérer ce vrai souverain, qui est tout fait, qui est devant vous, qui a la mansuétude de sommeiller et de s'ignorer encore. Enfin pesez bien le suffrage universel, et vous partirez de là sans regarder derrière vous pour le régime quelconque où cette démocratie a le plus de frein, où les classes élevées ont le plus de cohésion, où l'état social a le plus de force défensive, où les personnes et les biens ont le plus de sûreté : car c'est là que nous en sommes, ou du moins que nous en venons. La chose est fort apparente, et l'institution née en 1848 n'a rien d'obscur, rien de mystérieux. J'aurais le plus grand besoin d'une image que je ne consentirais jamais à traiter le suffrage universel du sphynx accroupi et interrogant. Comment a-t-on pu faire un livre intitulé le *secret du peuple*? il n'y a pas de secret dès qu'il s'agit du peuple. Souffrance, griefs, aspirations, tout cela chez lui est apparent et sonore, inondé de lumière, retentissant dans une clameur comme un hourra.

§

Ces réflexions, ces insinuations au sujet du suffrage universel ne donnent peut-être qu'une faible idée des cataclysmes qui dorment dans cette institution. Je ne suis pas sûr d'avoir tout dit : puis-je prévoir tous les effets d'une force encore ignorée d'elle-même, qui a une telle carrière devant elle, et des souvenirs, des rancunes d'un tel souffle ? Le peuple français avec sa souveraineté me représente un lion sommeillant près d'une source, image que j'emprunte (en la dépaysant, bien entendu) à lord Byron, mais qui n'exprime pas mal cette situation où il y a réellement une source, celle de tous les pouvoirs, qui deviendra peut-être un torrent. Il y a cinquante ans Royer-Collard apercevait, signalait déjà une démocratie coulant à plein bords.... que dirait-il donc aujourd'hui, s'il la voyait armée d'un organisme tel que le suffrage universel? La question est de savoir comment les minorités riches vont se défendre contre une majorité souveraine et pauvre... Si vous faites nommer le pouvoir exécutif par le suffrage universel, ainsi que l'entendait la constitution de 1848, il n'y a plus de question: vous livrez la société ; sauve qui peut, tout est dit. Mais si vous comprenez, si vous admettez que la société est à défendre, l'idée la plus bizarre à ce point de vue serait de constituer pour cela un pouvoir exécutif héréditaire, pris parmi nos anciennes dynasties. Vous supposez que ce pouvoir ainsi fait sera le gardien de l'ordre, le champion de tous les intérêts conservateurs, bref le défenseur des riches. Cette supposition est éminemment gratuite. Il défendra le plus fort, c'est-à-dire le peuple, ce terrible électeur qui peut nommer une assemblée hostile ou complaisante au monarque. Il attaquera ce qui est capable de l'attaquer, c'est à-dire les classes supérieures; il traitera en ennemis céux dont la tendance est de le traiter en pupille, et qui seuls savent manier utilement pour eux, dangereusement pour lui, la presse et la tribune. Salomon l'a presque dit: Là où est votre contradicteur, là est votre haine. Voulez-vous un démagogue puissant, nn tribun efficace et pernicieux? faites un monarque héréditaire, là où règne le suffrage universel. Vous pouvez compter que sa plus grande affaire sera d'assurer són règne et celui de ses héritiers en s'alliant aux masses. Vous estimez peut-être que l'alliance du pouvoir et des grands est nécessaire pour sauver l'état social. Mais cette alliance n'est assurée qu'à une condition, qui est la nomination du pouvoir exécutif par les grands. L'hérédité de ce pouvoir non-seulement n'y suffirait pas, mais irait contre ce but, cette nécessité.

Rappelez-vous que rien n'est rare et volage comme un démagogue. Le peuple ne trouve pas en lui-même cet instrument, parce que le peuple passe sa vie à gagner sa vie, parce qu'il n'a pas cette force d'esprit et de savoir qui naît de l'éducation et presque de l'hérédité. Le peuple est obligé de prendre au-dessus de lui ses conducteurs, comme dit Bossuet, mais s'il trouve au-dessus de lui la force de pensée et de combinaison qui lui manque, il n'y trouve pas la constance et le dévouement à ses intérêts. Le démagogue qu'il a mis en évidence est destiné un jour ou l'autre à lui tourner le dos, à trafiquer de sa popularité une fois acquise, à vendre sa force et ses menaces. En ai-je connu de ces démagogues où couvait le parvenu, le bourgeois, le traître enfin ! Vaine est leur menace, et la société n'a rien à craindre de ce côté. Mais un monarque est un tout autre personnage. La société ne peut rien sur lui de ce qui convertit et enivre un démagogue vulgaire. Elle ne peut rien ajouter à ce qu'il a d'honneurs et de richesses ; elle ne peut le porter plus haut que sa naissance ; il n'y a rien au-dessus du poste qu'il occupe. En revanche, elle peut tout contre lui, en ce qui touche le pouvoir, par la contradiction dont elle est armée, par sa part et son droit au gouvernement. Il suit de là que rien n'empêchera un monarque d'être et de demeurer ce démagogue demandé par le peuple, appelé par le suffrage universel, qui manqua toujours au peuple et qui, par la force des choses, ne peut se trouver que sur un trône héréditaire. Telle est cette force, que le monarque inclina de tout temps vers le peuple, et c'est là par parenthèse ce qui a fait ces longues destinées à la monarchie française. Parmi les anciens pouvoirs qui gouvernaient la France, la monarchie est la moins impopulaire. Au fait, elle était la moins oppressive, ou du moins elle opprimait de plus haut, ce qui est bien quelque chose. Enfin tout n'était pas oppression de sa part, à cette hauteur, à ce point de vue d'ensemble d'où elle régnait sur le passé. Quelque sentiment du droit, quelque étincelle de pitié se mêlaient parfois à l'égoïsme dynastique, à l'identité bien sentie de l'intérêt populaire et de l'intérêt royal.

Donc le monarque va droit au peuple, comme au fond même de sa force et de sa richesse, un fond qu'il doit ménager; quelquefois même il prend ce chemin par un attrait confus d'équité, de compassion. *Le pauvre peuple,* disaient les édits d'autrefois, dans leur préambule.

Aujourd'hui que ce pauvre peuple est souverain, jugez un peu de ce que deviendra cette immémoriale entente du peuple et du roi. Voilà des masses toutes puissantes par le droit électoral qui réside en elles, avec cela qui ne touchent pas au monarque, qui ne le rencontrent et ne le froissent nulle part. Voilà d'un autre côté des classes supérieures, où la culture d'esprit, les dons oratoires, la science politique créent au monarque des censeurs habiles et puissants, où la passion est celle du pouvoir, où le pouvoir royal est celui qu'on entend contrôler, diminuer, partager. Demandez-vous, après cela, ce que fera le monarque ? Il ne fera pas comme les rois d'Angleterre : il ne deviendra pas un simple spectateur du gouvernement, un simple compteur des partis; il dira au peuple : *livrez-moi la liberté des grands,* et le peuple répondra : *livrez-moi les grands.* Evidemment, peuple et roi peuvent s'entendre ; c'est matière à plébiscite. J'ai forcé les choses, j'ai outré l'hypothèse à dessein : il est

clair que les grands ne seront pas asservis et spoliés ;
mais vous verrez telle politique électorale où les candidats du monarque seront proposés victorieusement au
peuple, et telle politique fiscale où les intérêts du peuple
prévaudront absolument, par une assiette de l'impôt,
épargnant les pauvres et par un emploi de l'impôt se
dépensant à leur profit. De là un certain déplacement des
fortunes, où les biens et la liberté des grands deviendront
ce qu'ils pourront.

Il faut pourtant ouvrir les yeux. Une chose nouvelle
et énorme, comme le suffrage universel, doit tout renouveler autour de soi. Cette force du nombre, érigé en
souverain, si vous la considérez en elle-même, si vous
la livrez à elle seule, est une force vaine, sans malfaisance pratique et sérieuse. Le nombre ignore absolument la besogne officielle qu'on lui propose. Où l'aurait-
il apprise ? Comment pourrait-il la deviner ?

En cet état, le nombre ne saura pas prendre et exercer
la souveraineté qui lui est offerte par le suffrage universel. Les classes supérieures demeureront maîtresses du
gouvernement, directrices de la société. C'est la loi du
monde, et, comme elles y font tout — science, agricul-
ture, industrie, choses d'art et d'esprit — elles feront la
politique aussi bien que le reste ; elles continueront à
garder cette suprématie universelle. Ce n'est pas une
explosion démocratique, ce n'est pas même une démocratie rédigée et organisée en articles de constitution
qui va porter la main sur cette souveraineté naturelle.
Mais tout change d'aspect si le suffrage universel trouve
au-dessus de lui un monarque héréditaire, tout prêt à
l'alliance dont j'indiquais les clauses tout à l'heure.
Alors, la force légale du nombre deviendra une force
active et pratique ; cette vanité sera une réalité ; bref,
la démocratie aura cette fois le démagogue qui lui fit

toujours défaut dans les cités antiques, dans la France moderne, et qui l'attend sur les marches du trône.

Ainsi la société serait troublée par ces personnes et par ces formes de gouvernement qui ont fait jusqu'ici l'aplomb et l'avenir des sociétés. Cela semble prodigieux, incroyable. A qui se fier désormais ? A qui demander le service dont la monarchie s'acquittait autrefois?

Au point où en sont les choses, en présence du suffrage universel, il n'y a qu'une solution, c'est un pouvoir élu ; il ne s'agit que de trouver les procédés électoraux et de composer un corps électoral par où ce pouvoir ne soit pas le complice né du suffrage universel et puisse fonctionner comme un arbitre équitable entre tous les intérêts qui composent la société.

Nous tenons ici un exemple prodigieux du renouvellement des choses, de la malfaisance qui survient aux anciennes, quand elles sont gardées outre mesure et faussées au contact des choses nouvelles. Cet exemple est celui de la monarchie héréditaire, qui a changé de vices, ou plutôt qui a acquis des vices nouveaux. Elle en avait un autrefois qui était d'appeler au trône, tantôt des enfants, tantôt des vieillards, tantôt des incapables ; enfin tous les hasards de la naissance. Aujourd'hui, il n'y a plus hasard, mais certitude et prédestination sur ce point décisif, que le roi sera l'allié du peuple et des intérêts populaires : c'est l'effet du suffrage universel qui a fait le peuple souverain et attiré la force ancienne vers la nouvelle. Le plus grand des maux, dit Pascal, *est les guerres civiles ; le mal d'un sot qui succède par droit de naissance n'est ni si grand, ni si sûr.* A merveille : seulement, tel est aujourd'hui le milieu politique que, si la naissance fait le roi, elle mettra sûr le trône peut-être un sot, mais à coup sur un démagogue. Elle évitera sans doute les guerres civiles ; mais elle aura l'effet d'une

guerre civile conduite victorieusement dans l'intérêt populaire.

Ceci est capital, et nous y reviendrons ; mais d'abord
il faut écarter deux considérations qu'on trouve un peu
partout en ce sujet, même parmi les plus réfléchis.

La République, dit-on, n'a jamais paru en ce pays sans
une queue d'hommes et d'événements qui en a fait une catastrophe lamentable. La République, c'est la guerre civile
et finalement la dictature, quand ce n'est pas, comme en
93, la banqueroute, la spoliation, le massacre juri-
dique.

Voici, selon nous, ce qui en est. Les désordres et les
crimes de tel gouvernement étiqueté républicain ne tiennent pas à ce nom ni à cette forme politique, mais à la
secousse profonde où est né ce gouvernement, à la révolution, sa mère. Quand le peuple a été tiré de son apa-
thie, de son néant, il n'y rentre pas tout d'abord. Quand
il a pris les armes, il les reprend ; il faut du temps pour
l'apaiser, un temps qui se passe en agitations et en excès
de toute sorte. Voilà pourquoi la République, succédant
à une monarchie qui vient d'être renversée, est néces-
sairement désastreuse et désordonnée : cela n'est pas
imputable au principe républicain, mais au fait destruc-
tif et révolutionnaire. La preuve (je me permets de vous
recommander cette preuve), c'est que le gouvernement
de juillet a débuté par quelques années perdues de violence, d'émeutes inépuisables et même de guerre civile.
C'était une monarchie, s'il vous plaît ; mais cette monarchie était née d'une révolution : or, un pareil drame a
toujours plusieurs actes, dont les premiers sont toujours terribles.

Reste à juger le crime des révolutions, imputable, vous
entendez bien, non à ceux qui les font, mais à ceux qui
les rendent nécessaires ; par où elles sont en général le

crime des gouvernements, surtout en France où le gouvernement remplit tout de ses lois, de ses actes et de ses exemples. Ce n'est pas que les gouvernements soient inférieurs moralement aux individus et aux partis ; j'incline même à croire tout le contraire. Mais, comme ils ont une sphère d'action infiniment plus étendue, ils ont par cela même une occasion supérieure et permanente pour toutes les bévues, toutes les scélératesses qui sont de la compétence humaine. Ils en usent volontiers, je dois en convenir. De là les révolutions, tantôt pour tel méfait particulier des gouvernements, tantôt pour le méfait autrement grave d'avoir mal élevé leurs sujets, à une école, à un régime de rouerie et de violence tel que banqueroute, fausse monnaie, torture, gabelle, religion d'état, privilége, massacre politique ou religieux. J'ajoute en passant que ce régime a duré deux siècles de trop parmi nous, c'est-à-dire, depuis le xviie siècle, une époque de l'esprit humain, jusqu'aux environs de 89. Etonnez-vous donc de quelque abus des révolutions après un si énorme abus de la tradition !

Les partisans de la monarchie, auxquels on vient de répondre, ne s'en tiennent pas là. Voyez, disent-ils, comme les apparitions de la république ont peu de durée parmi nous, et comme les restaurations monarchiques ont autrement de vie et d'autorité.

En fait, rien n'est plus exact. Mais comment s'étonner qu'une forme de gouvernement nouvelle et alarmante ait eu de courts essais, bientôt anéantis! La merveille, ou si vous aimez mieux, le scandale, c'est qu'une forme ancienne et consacrée comme la monarchie ait subi des écroulements si réitérés. Songez donc que toute nouveauté est sujette à des façons et à des lenteurs inévitables, parce qu'elle est nouveauté ; qu'il est en elle de se montrer et de s'effacer, de paraître et de disparaître, même quand elle doit reparaître d'une manière définitive.

Il était bon de s'expliquer en passant sur ces deux arguments que tout le monde ramasse à la surface du sujet : on a hâte d'y entrer plus avant.

§§

J'envie l'aisance avec laquelle vous allez prendre votre parti, si vous avez là-dessus quelque chose comme un préjugé ou une passion. Moi, je n'en ai pas, et cela m'oblige à dresser la carte de ce sujet, à reconnaître toutes les pièces de cet échiquier.

Il y a de tout dans un problème de cette nature : il y a le présent, le dernier état des choses qui certainement est l'influence la plus décisive et la plus impérieuse. Il y a aussi le passé dont le poids se déguise, mais se fait sentir. Il y a enfin une certaine influence d'idées, de raison théorique, toujours sensible dans les destinées de notre race. A tout seigneur, tout honneur. Commençons par l'étude du passé.

Parmi nous, le passé est monarchique ; mais la monarchie, depuis 80 ans, a eu les fortunes les plus diverses, elle a démérité du pays, affreusement démérité, jusqu'à trois fois — 1815, 1830, 1870 surtout.

En outre, la monarchie absolue a trop duré, a trop reparu en France, et c'est ce qui a fait tort à la monarchie en elle-même. Elle s'est prolongée pendant tout le xviiie siècle, une époque où les esprits s'émancipaient, où la société prenait un vif sentiment d'elle-même, où la royauté, sans prestige personnel, sans grandeur au dehors, laissait tomber la nation. L'ancien régime, abusant de la tradition, disgrâciant Turgot, a consenti trop tard aux droits du pays sur lui-même ; aussi a-t-il disparu dans une catastrophe. D'autres fautes, chez d'autres monarques, ont renouvelé ce désastre, et c'est alors que nous avons vu naître et essayer une forme de gouvernement, où le pouvoir exécutif n'était plus héréditaire. Cette forme est-elle possible ? En tout cas, est-elle meilleure que l'ancienne ? C'est là que nous en sommes.

La République n'est pas une chose sans exemple, même dans les temps modernes, même en Europe ; toutefois, ce n'est pas à dire qu'elle convienne à la France. Mais il ne faut pas affirmer non plus que la France, pour avoir été monarchique pendant tant de siècles, soit essentiellement monarchique...

« Ici on m'interrompt : il y a des choses, dit-on, qui
« ne changent pas, des choses qui portent le monde pour
« ainsi dire. Tels sont la propriété, la famille, le langage,
« le sol. Telle est encore la monarchie, un trait im-
« muable de cette figure du monde qui ne change pas
« sans cesse, quoi qu'en dise l'Ecclésiaste. »

Voilà ce que je ne puis vous accorder. Le monde est livré au changement, au renouvellement, et cela, de fond en comble, dans son essence comme dans ses apparences. C'est une histoire bien connue, racontée aujourd'hui par les sciences naturelles, surtout par la géologie et la paléontologie, une question de temps, voilà tout. Le cosmos se renouvelle en plusieurs millions de siècles, nos sociétés en quelques siècles, nos os en un mois, s'il faut en croire M. Flourens. Ainsi la loi qui change tout n'est pas moins certaine dans le fini auquel nous appartenons. Cette loi est à l'œuvre dans les sociétés humaines comme partout : elle met son empreinte sur les choses qui nous paraissent les plus immuables, les plus persistantes.

Vos exemples de choses identiques et granitiques sont

mal choisis. On vous fera voir tel contrat du moyen âge où l'homme était vendu avec le sol (il me semble que cette propriété de l'homme a disparu), où le sol vendu était un marais, où la vente avait lieu dans un langage aussi difficile à reconnaître que l'ancienne lande, aujourd'hui chargée du capital et des habitants que les siècles y ont accumulés.

Certaines choses durent assez, ou vues de loin, offrent un aspect assez confus, une apparence assez identique, pour faire l'illusion du solide et du nécessaire pendant quelques générations. C'est ce que l'école saint-simonienne appelle les époques organiques. Mais les époques critiques reparaissent, entamant ce passé par quelque bout ou, peut-être simplement, sans délibération aucune, laissant tomber quelque chose du passé. Le trait particulier aux temps modernes, c'est l'immixtion humaine et consciente dans le changement social ; l'humanité, à force de vivre, croyant entendre les lois de la vie et s'imaginant d'y mettre la main : par où les changements sont plus nombreux et plus rapides ; ce qui est fort naturel, étant donnée l'activité supérieure d'un agent qui porte en lui une certaine force de volonté et de caprice.

Les institutions changent, quelle que soit leur surface de durée et d'identité : voilà le fait.

La monarchie, qui vous apparaît comme une institution de quatorze siècles, contemporaine et créatrice de ce pays, diffère profondément d'elle-même à ses différentes époques, tout aussi bien que la propriété, que la famille, que le langage. De féodale qu'elle était au moyen âge, elle est devenue administrative sous Richelieu, puis fonction publique à partir de 1814. Un droit de propriétaire, ou, si l'on veut, un droit de conquérant s'est changé en devoir public ; est-ce donc toujours le même pouvoir ? Le nom de la chose a persisté, la transmission de ce pouvoir est demeurée la même, c'est-à-dire héréditaire ; mais il faut voir comment s'est formée autrefois cette habitude des choses, ce penchant du peuple français, et comment il peut se satisfaire aujourd'hui. L'hérédité monarchique a pris naissance parmi nous dans des temps où l'on a vu une série de monarques habiles et vigoureux qui faisaient la nation, reculaient la frontière, fondaient l'unité de gouvernement, et même une certaine équité du gouvernement. La monarchie en France n'est peut-être qu'un long accident, introduit et soutenu par le mérite des monarques. Rien ne prouve que ce pays ait la superstition monarchique. Voyez son empressement à lâcher les Valois dégénérés et venus à rien ! C'est le fait d'un peuple qui aime la monarchie, non pour elle-même, mais pour lui-même. Comme elle s'est fondée par le fait des monarques, par leurs services et leurs qualités patriotiques, il n'y a pas apparence qu'elle va se relever aujourd'hui pour le simple mérite, pour la qualité abstraite d'un droit héréditaire qui semble résider sur la tête d'un prince. De sorte que c'est l'hérédité royale qui fait question parmi nous plutôt que la royauté.

Telle est l'histoire, telle est l'humeur de ce pays qui pratiqua si longtemps la monarchie, bien plus à cause des monarques et de leur valeur que pour le mérite intrinsèque de ce gouvernement — soit comme principe de foi et d'impulsion morale — soit comme instrument à gouverner les hommes. — Si vous regardez au principe, vous voyez là un instinct du monde naissant qui ne dépasse pas les conceptions de cette époque, de cette puérilité. Mettre la souveraineté dans une personne, cela est primitif et caractérise le règne humain à ses débuts. Il n'en fait pas d'autres quand il multiplie et personnifie la divinité sous des traits d'homme. Il y a un âge de l'esprit humain où il va au plus près, où l'homme ne connaît et ne comprend que lui-même, répandant et appliquant partout son propre type, où il est à lui-même toute sa conception et toute son expression. C'est ainsi que la monarchie est née ; mais il est clair que les temps modernes ont perdu cette foi monarchique, même quand ils sont demeurés monarchiques. Maintenant, si vous considérez en elle un instrument pour gouverner les hommes, elle est quelque chose de simple comme le droit d'aînesse et convient par cela même à des sociétés incultes et violentes, qui ne pourraient se tirer de certaines complications comme le partage égal des successions, comme la division des pouvoirs. Mais elle a ses vices qui prennent tout leur relief, à mesure que l'esprit vient aux peuples. Elle est bonné pour faire une nation, quand les nations sont à faire, comme elles l'étaient au moyen âge : bonne encore pour prévenir les guerres civiles, quand il y a des grands ou des castes capables de remuer un peuple pour leur intérêt. Passé cela, on ne voit pas le mérite qui lui reste, et ses inconvénients paraissent dans tout leur maléfice ; inconvénients qui sont surtout ceux des vieillesses et des minorités royales.

Qu'est-ce qu'une institution qui attribue la souveraineté à un enfant ou qui la laisse entre les mains d'un vieillard ?

C'est l'institution, me direz-vous, qui règne en Angleterre et en Belgique.

Je le sais bien, mais peut-elle régner en France, aux conditions parlementaires qui l'ont réformée dans ces deux pays, qui ont mis dans ces vieilles choses une âme moderne et progressive ?

Pour nous, la question est de savoir lequel est le plus difficile de réformer ainsi la monarchie ou de créer la République. L'antiquité française de la monarchie ou plutôt de la dynastie est un obstacle : on ne fait pas un roi constitutionnel avec un Bourbon comme avec un Cobourg, comme avec un Brunswick. Il faut plus de vertu dans une monarchie constitutionnelle que dans une république, parce que dans le premier cas il faut deux vertus : chez la nation, celle de gouverner ; chez le monarque, celle de laisser gouverner.

§

On va peut-être me dire que j'ai passé bien légèrement sur un point capital qui est le mérite des monarchies en ce qui touche la politique étrangère ; que la monarchie n'excelle pas seulement à faire une nation, ce qui a été l'œuvre visible des Hohenzollern, de la maison de Savoie, des Halpsbourg et même des Bourbon à un degré moindre ; qu'elle réussit également à entretenir la grandeur et la sûreté extérieure d'une nation ; que là se confondent les intérêts d'un pays et ceux d'une dynastie ; que la permanence et la suite dans les desseins est le fait d'une dynastie ; qu'un pays a besoin d'être représenté et figuré au dehors par un homme, par une famille au moins, tout comme il a besoin d'une Assemblée pour le représenter à l'intérieur. Par la monarchie d'ailleurs (c'est toujours l'objection qui parle), certaines vices de race et de nation arrivent à se corriger, parce que le monarque, se mariant au dehors, réalise le mélange de plusieurs races, mélange qui est un avantage pour les familles comme pour les nations. Les plus mélangées sont les plus fortes. Les vices d'une race ne dominent pas le gouvernement d'un pays, quand ces vices sont corrigés dans le gouvernement par la fusion matrimoniale des races.

Je me permettrai de faire observer à cette dernière

théorie qu'elle est un peu vague et même passablement contredite par les faits. Notre plus grand roi, Henri IV, est le seul roi purement français que nous ayons eu ; nos autres monarques avaient dans les veines du sang d'infantes, d'archi-duchesses, de Médicis. Rien n'est moins clair que la vertu de ces mélanges qui ont peut-être fait le bigotisme de Henri III et de Louis XIV. Mais je n'insiste pas sur un détail. Reste ceci qu'il faut considérer en face : Une nation a-t-elle besoin pour sa grandeur et sa sûreté d'être représentée au dehors par un homme, par une famille où se perpétue cette représentation ? S'il y a changement dans cette représentation, est-ce un obstacle à la permanence des desseins et au crédit des relations ? Montrer les vacillations politiques de telle ou telle dynastie ne prouverait rien contre ce mérite présumé des dynasties en général. La solution n'est pas là : elle consiste peut-être en ceci, que les nations une fois faites ont presque toujours une politique extérieure qui leur est donnée ou plutôt imposée par leur naturel et leur situation. Autocratique ou parlementaire, la Russie aurait toujours tendu vers le Midi, vers l'Orient; la Prusse vers l'hégémonie allemande; le Piémont vers l'unite de l'Italie. Inutile d'expliquer comment la France aujourd'hui ne peut avoir qu'une politique et qu'elle n'en pardonnerait l'abandon à aucun de ses gouvernements, quelle qu'en fût l'étiquette et la durée.

Un roi a cet avantage qu'il ne trahira jamais son pays, qu'il ne prêtera jamais l'oreille à l'étranger. Le roi et le pays ne font qu'un, excepté le cas de Charles II pensionné par Louis XIV. Il vous est loisible d'ajouter qu'une caste ou une démocratie est accessible aux séductions du dehors, qu'il y avait un parti russe en Suède et en Pologne, un parti anglais en Irlande. Mais en France, depuis 89 surtout, cela ne s'est pas vu : ni sous la Convention, ni sous le Directoire, il n'y eut un homme ou un parti gagné par la coalition. Il y eut sans doute l'armée de Condé, il y eut la Vendée, Lyon, des insurrections partout, bref il y eut des rebelles, mais il n'y eut pas de traîtres. L'étranger ne s'insinua pas parmi les partis qui gouvernaient ou agitaient la France, il échoua à les diviser, à s'y créer une force, et ces gouvernements à mille têtes demeurèrent unis comme un seul homme, unanimes comme un monarque. Pourquoi l'étranger qui prend confiance à nos emprunts, qui les souscrit avec tant d'empressement, qui croit de ce côté à notre avenir, à notre parole, n'aurait-il pas quelque foi dans nos traités, dans nos alliances, dans nos engagements de politique étrangère? Il s'apercevrait, s'il était bien avisé, que nos plus chers intérêts lui garantissent aujourd'hui surtout notre fidélité diplomatique et le respect des traités, tout comme notre probité financière lui garantit le service des emprunts.

On ne voit pas pourquoi la France aurait un absolu besoin de monarchie à fins extérieures. Si vous insistez sur ce qu'elle est monarchique à toutes fins, par tradition et par habitude, si vous ajoutez même qu'elle n'éprouve guère le besoin de se gouverner elle-même, je suis prêt sur ces deux points à bien des concessions.

La France est peut-être monarchique en ce sens qu'elle personnifie volontiers le gouvernement : mais encore faut-il que les personnes soient considérables, imposantes même. Monarchique ou non, la France ne préfère pas la monarchie à tout, au droit, à l'équité, à la grandeur. Elle ne s'accommode pas de tous les monarques. Un pays, sans être précisément d'aptitude et d'humeur à se gouverner lui-même, peut avoir néanmoins tout ce qu'il faut pour juger et au besoin pour exécuter ses gouvernements. Supposez une société d'une très-ancienne et très-

haute culture, où s'est faite au moyen âge une *renais-
sance* aussi caractérisée que celle de l'Italie au seizième
siècle, où plus tard ont paru toutes les audaces de l'esprit. A coup sûr, elle n'est pas faite pour subir un pouvoir absolu qui aura souvent ses excès, ses écarts et
même ses inepties. Telle est la France, n'ayant ni
cette dose d'individualisme qui limite les gouvernements, ni ce goût d'activité qui exerce le gouvernement ; mais avec des dons d'esprit et de caractère
qui ne comportent pas la pure obéissance, qui ne s'in-
clinent pas devant le premier venu. A tort ou à raison,
c'est là que nous en sommes. On pourrait dire que le régime naturel d'un peuple ainsi fait est la dictature,
tempérée par des qualités personnelles et, quand ces
qualités manquent, par des révolutions faisant jus-
tice du dictateur. Ne serait-ce pas là notre fait ? A ce
compte, nous aurions à traiter ici bien moins une question de forme ou de réforme constitutionnelle qu'une
question de personnes.

Ainsi peu importe le passé qui ne peut rien pour nous
dans la crise où nous sommes. Le passé ne nous en-
chaîne pas, et la question actuelle n'est pas à traiter par
l'histoire, encore moins en termes généraux et théoriques. Si l'on veut être dans le vrai, c'est le présent
qu'il faut considérer, car le présent nous tient à la gorge
et nous fait la loi : nous allons voir quelle loi.

§

Nous avons aujourd'hui un gouvernement à forme
républicaine, à titre provisoire. Ce gouvernement est
entre les mains d'un homme qui n'est pas un prince, et
cela, quoiqu'il y ait, dans ce pays et aux environs,

des princes appartenant à d'anciennes dynasties. Voilà
qui est bizarre au premier chef! Pourquoi donc le pays,
quand il avait cette substance monarchique sous la
main, n'a-t-il pas rétabli la monarchie? Pourquoi tout
au moins n'a-t-il pas mis un prince à la tête du gouvernement, sans faire de ce prince un monarque? Cela
tient-il à l'ambition de l'homme qui gouverne aujour-
d'hui la France, ou à l'insuffisance des princes qui ve-
naient d'être rappelés de l'exil, ou à quelque réproba-
tion de l'esprit public contre la monarchie, ou à la
pluralité et à l'hostilité des partis monarchiques? Voici,
selon nous, la réponse qu'il faut faire à ces questions;
avant tout, le gouvernement est ce qu'il est, parce que
l'homme qui l'exerce en a paru le plus digne et le plus
capable, c'est-à-dire le plus initié à nos affaires par
de grands services, par des prévisions d'hommes
d'Etat, par le sentiment le plus sûr des situations,
soit sous l'empire, soit pendant la révolution et la
guerre, soit depuis la paix. L'Assemblée actuelle l'a
fait gouvernant, par la même raison que vingt-six dé
partements l'avaient fait député. Cette Assemblée ren-
ferme peut-être une majorité pour la monarchie. Toutefois, elle n'a pas relevé le pouvoir monarchique; —
peut-être parce que les monarchistes ne s'entendaient
pas sur le nom du monarque et la couleur du drapeau;
— peut-être parce qu'une restauration monarchique eût
soulevé le Midi, soulèvement à réprimer par une armée
nouvelle et douteuse; — peut-être parce qu'il fallait
créer au plus tôt, en face de l'étranger et pour traiter
avec lui, un pouvoir né en quelque sorte du consente-
ment universel. Nul doute que chacune de ces considérations n'ait eu son poids et son influence pour nous
constituer comme nous sommes; mais la vérité, c'est
qu'on est allé au plus capable, dans la crise extrême où

se trouvait le pays et dans la pénurie d'hommes dont il
était affligé. Il reste à savoir si de longtemps le pays,
dans les circonstances nouvelles et terribles où il est
entré, pourra faire autre chose que de prendre le plus
capable; si des temps reviendront où il pourra repren-
dre une forme de gouvernement pour sa vertu théorique
ou historique, comme organe général d'ordre, de sécurité,
de progrès; si la monarchie n'est pas née parmi nous des
grands services rendus par les monarques, et si, dès
lors, l'histoire bien entendue n'autorise pas ce que nous
venons de faire, ne prépare pas ce que nous faisons mine
de continuer.

Continuer, dites-vous, ce serait instituer la République à titre définitif. Ne serait-ce pas blesser ce qui
reste en France de mœurs et de penchants monarchiques, un reste puissant et enraciné? Je crois que ces
mœurs et ces traditions sont fort à ménager; mais elles
ne sauraient prévaloir contre le besoin le plus impé-
rieux du pays qui est, non pas d'être gouverné monar-
chiquement, mais d'être bien gouverné. Il n'y a pas là
d'exclusion contre la monarchie; mais il y a certainement un appel, une désignation précise et absolue du
plus capable — prince ou simple particulier — pour
gouverner la France.

Telles sont aujourd'hui nos affaires que le plus grand
homme ne serait pas de trop pour les conduire. De là,
le sacrifice nécessaire de tous les systèmes et de tous les
sentiments, de toute tradition comme de toute aspira-
tion, devant le besoin d'être bien gouverné. On ne sau-
rait trop insister là-dessus; c'est de la manière la plus
distincte, la plus consciente que le pays éprouve ce besoin, et qu'il entend porter ou garder à la tête de ses affaires l'homme le plus éprouvé ou le plus réputé pour
ses talents et son énergie. La raison en est simple : les

hommes, c'est ce qui lui manque le plus depuis deux ans. Personne n'a répondu nulle part à son attente, ni à Paris ni dans la province, ni sur terre ni sur mer, ni aux armées ni dans les conseils : néant à sa requête, quand il appelait, quand il essayait des hommes anciens ou des hommes nouveaux. Tous ont avorté, révolutionnaires ou officiels, improvisés ou professionnels, les uns nous perdant, les autres ne nous sauvant pas, nul ne justifiant sa réputation ou son usurpation. Bref, rien ni personne ne s'est maintenu ou ne s'est révélé, ne s'est sacré, hormis cet élu de vingt-six départements auquel on faisait allusion tout à l'heure.

Cela posé, rétablir la monarchie n'est pas facile; car il faut que le monarque soit en quelque sorte un grand homme, ou du moins un homme d'une valeur connue et éprouvée. Il faut, en outre, que cet homme, ainsi doué, soit de la qualité dont on fait les monarques, qualité princière, dynastique. Il va sans dire que, si cet homme n'est pas de cette qualité, vous n'allez pas le faire roi. Vous le mettrez ou vous le laisserez à la tête du gouvernement, mais non à titre héréditaire.

Nous ne pousserons pas plus loin cette analyse; car il faudrait, pour aller jusqu'au bout, l'appliquer à des personnes et prononcer des noms propres. Ainsi nous n'allons pas chercher si, parmi les princes que nous possédons, il en est un qui présente ces titres de grandeur personnelle. Encore moins si ce prince est celui que l'hérédité appelle au trône : cela serait d'une souveraine inconvenance et passablement prématuré. Je veux seulement dire que ce prince devra non-seulement être grand, mais être connu et démontré tel. La France, méfiante et éprouvée comme elle l'est, ne croira qu'à des preuves ou à de fortes vraisemblances. Elle demandera moins à un prince qu'à un simple particulier, mais, assurément, elle lui demandera quelque chose en fait de grandeur acquise et notoire. Elle ne rétablira pas sur la tête d'un inconnu, fût-ce un prince, une forme de gouvernement, eût-elle duré quatorze siècles, qui vient de nous précipiter où nous sommes.

Vous trouvez peut-être que cela rétrécit étrangement la matière de nos choix, que deux candidats au trône disparaissent du coup, dont la vie privée cachait peut-être les plus hautes qualités politiques..... Que voulez-vous? Nous ne sommes pas maîtres de choisir la forme de notre gouvernement. Cette forme nous est donnée, pour l'avenir comme dès à présent, par la situation personnelle de l'homme le plus capable de nous gouverner. Est-ce un prince-héritier? Il sera roi et rétablira peut-être la royauté. Est-ce un prince-député, il présidera et fondera peut-être une république, quand son heure sera venue. Il suffit pour cela qu'il soit ambitieux ou honnête : Quel qu'il soit, il nous est imposé, lui et sa capacité, par la force des événements, par la crise que nous avons à surmonter.

Tel est le poids du présent ; il faut savoir le reconnaître et le subir. Laissons là le passé, qui ne pèse pas un fêtu, s'il n'a rien à nous offrir dans les extrémités où nous sommes, « urgentibus imperii fatis. » J'appelle rien le principe monarchique auquel on ne croit plus et le mécanisme monarchique qui vient de se perdre en nous perdant. Impossible aujourd'hui de ne pas chercher un homme de gouvernement et de salut, en dehors d'une foi éteinte et d'une forme discréditée. Il faut voir que la société est mise en question par le suffrage universel, et qu'il s'agit de défense sociale. Or, la république excelle aux répressions, un genre où elle a fait ses preuves, soit en juin 1848, soit en mai 1871. Ne comptez pas sur la même vigueur de la part d'un monarque, lequel a son avenir personnel et dynastique à ménager ; et surtout ne comptez pas sur la monarchie, sur l'institution elle-même dans cette nouvelle situation que le suffrage universel a faite à tous les pouvoirs. Le roi n'est plus le premier gentilhomme du royaume, comme l'était et le professait Henri IV, ni le plus riche de ses sujets, comme l'était Agamemnon, au témoignage de Thucydide : deux cas où l'on pouvait croire que le monarque serait le champion, le protecteur naturel des nobles et des riches. Aujourd'hui le pouvoir n'est plus dans ces classes ; il est dans le peuple. Or, il y a là de quoi faire un César et du césarisme, plus certainement, plus fortement qu'aux temps des Tibère et des Néron. Car, sous ces empereurs, la démocratie à Rome n'était qu'un souvenir ou un simulacre dont les formes persistaient seules, tandis qu'aujourd'hui parmi nous la démocratie est réelle et constitutionnelle au plus haut point. Ajoutez que parmi nous le monarque va rencontrer sa contradiction et son obstacle parmi les classes supérieures, les seules capables de lui disputer le gouvernement. Ne perdez pas de vue surtout qu'il trouvera, qu'il détestera, parmi ses adversaires certains monarchistes partisans d'un autre monarque : toutes choses du plus grand effet sur le cœur du monarque, qui est un cœur humain quoique officiel, très-propres à le tourner vers le peuple, à en faire, non pas peut-être le roi d'une Jacquerie, mais un démagogue couronné. Les choses se passeront tout autrement, en cas de république ; un monarque électif, si le corps qui procède à cette élection, est bien composé, ne sera jamais tenté de faire ce personnage.

Il y aurait quelque naïveté à compter sur les forces d'autrefois pour opérer comme elles faisaient autrefois, alors que l'atmosphère actuelle les a pénétrées et décomposées. M. Cousin parle quelque part des conditions de la foi qui sont changeantes. Le fait est que le monde moderne vit d'ordre et de foi tout autant que le monde ancien. Seulement on ne croit plus, on ne se rassure plus aux mêmes conditions qu'autrefois, parmi des mœurs et des inelligences renouvelées.

Comment voulez-vous qu'un monarque soit insensible à la popularité, quand le peuple est tout politiquement? Comment n'irait-il pas chercher là sa force et son avenir, tout comme vous y cherchez vos électeurs et vos lecteurs, si vous êtes écrivain ou candidat? Etant donnés la monarchie et le suffrage universel, vous avez là deux forces qui peuvent se heurter, mais surtout qui peuvent s'allier. Indiquez-moi, s'il vous plaît, par quel principe ou par quel instinct le pouvoir exécutif prendrait uniquement à tâche de contenir et de réprimer les masses, de vous protéger, vous et vos biens, contre l'entreprise politique des masses. C'est pour cela que vous voulez un monarque; il vous plairait d'être défendus par la monarchie, au lieu de vous défendre vous-mêmes; cet abri vous tente et vous attire. Mais êtes-vous sûrs de le retrouver aujourd'hui? Rien n'est moins clair. Ce monarque, sur lequel vous comptez, obéissant soit aux principes de sa conscience, soit aux instincts de sa conservation, peut concevoir une toute autre idée de sa fonction, de son devoir, une idée purement favorable à la restauration matérielle et morale des masses. La force attire la force; celle du monarque s'alliera volontiers à celle du peuple, où apparaissent d'ailleurs certains caractères de droit et de réparation légitime. Si vous voulez que le monarque appartienne à la défense sociale, instituez-le à cette fin, par les moyens électifs qui lui imposent clairement ce devoir ou qui le prennent pour ce mérite, pour cette tendance connue et signalée;

composez pour cela un corps électoral tout particulier, choisi comme une garantie pour établir et constituer lui-même une garantie dans le pouvoir exécutif. En un mot, faites la république. Il n'y a que cette sorte de gouvernement pour choisir ce pouvoir, et désormais il n'y a que ce choix pour mettre au sommet de la société un gouvernement capable de la défendre.

En résumé, le présent veut un homme, le plus capable de tous. Et cet homme est voulu par un besoin suprême et vital entre tous, celui de la défense sociale. Après cela, cherchez un monarque et rétablissez la monarchie, si vous trouvez un prince qui soit cet homme, et si vous estimez que cette institution vaudra et pourra aujourd'hui imposer la paix du roi à tant de convoitises érigées en droits et armées comme des pouvoirs.

Quant à notre passé monarchique, nous le ressentirons de deux manières :

D'abord, le jour où nous aurons à renouveler le personnel du gouvernement, nous serons moins exigeants envers un prince qu'envers un simple particulier; à mérite égal nous prendrons le prince. Ensuite ce nouveau chef du gouvernement pris pour ses mérites, nous l'établirons pour une longue période, douze ou quinze ans au moins, ce qui représente parmi nous la durée d'une monarchie française.

Maintenant peut-on croire qu'il n'y aura en ces événements constitutionnels aucun mélange de raison théorique et critique, que nous subirons deux pures fatalités, celle du présent et celle du passé? Je ne le pense pas : l'hérédité du pouvoir périra sous la démonstration acquise du vice intrinsèque à la monarchie, qui consiste dans tous les hasards de la naissance et de son vice accidentel, extérieur en quelque sorte, apporté par le suffrage universel, vice qui est le césarisme.

Ainsi, me dira·t-on, vous concluez à la République?
—Oui, mais à une république entourée d'institutions monarchiques, telles qu'un sénat et un pouvoir exécutif
nommés aux conditions les plus rassurantes et investis
des plus fortes attributions. Quand un peuple jouit du
suffrage universel et de la république, il peut bien se
dire qu'il a touché l'extrême limite des déchaînements.
Pour lui désormais le problème est de vivre. S'il est
spirituel, le meilleur usage à faire de son esprit est de
s'arrêter et de se fortifier comme il pourra sur la crête
de ces institutions. Il ne lui reste plus qu'à se ressaisir
et à se rassembler de toutes parts pour faire tête à la
démagogie, y employant les restes de son passé, les
analogies du dehors, et ces effets de raison théorique qui
éclaire, dit-on, tout français venant au monde.

Cette république, ajoutez-vous, n'est pas moins une
terrible nouveauté. C'est le pouvoir suprême au con-
cours, dans un pays où déjà toutes questions et toutes
choses mêmes sont disputées par tout le monde. Où sera
donc l'arbitre, le modérateur de cette controverse et de
cette compétition universelle? Est-ce qu'une nation peut
vivre ainsi? Quoi! rien de stable nulle part! rien de
fixe et de consenti, soit dans les idées, soit dans les institutions! Vous nous faites là une étrange cité, où chaque
classe est un parti, où chaque parti est un pouvoir, où
chaque pouvoir est armé en guerre. Et vous croyez que
cette société pourra vivre en paix! Je me demande
comment elle fera seulement pour rester debout. Si au
moins elle avait quelque chose comme le frein religieux
dans les âmes, le sens hiérarchique parmi les classes,
un certain respect de la loi et de ses agents, ainsi que
cela se voit parmi les Anglo-Saxons, la défaillance ou le
vice des institutions serait corrigé par les mœurs!... Mais
montrez-moi donc quelque chose de pareil parmi nous!

Ainsi parlent les pessimites avec de certaines apparences dont je ne suis pas dupe.

Remarquez bien, dirai-je à ces esprits chagrins, que les principes et les pouvoirs modérateurs dont vous êtes frappés dans les sociétés anglo-saxonnes sont le produit de l'intelligence et de la conscience; qu'il n'y a rien là de surhumain, de surnaturel. On ne dira pas apparemment que ces qualités procèdent d'une révélation. — Non, direz-vous; mais ce ne sont pas non plus choses conquises et voulues par la raison, à titre de progrès délibéré : ce sont des mœurs, des traditions. — Je le veux bien; mais qu'est-ce que des mœurs et des traditions, si ce n'est des habitudes de l'intelligence et de la conscience? Or, il me semble que nous touchons là le fond commun de l'humanité. Ce fond a produit chez telle nation un ensemble, une discipline de sentiments dont elle est assurée et comme lestée dans sa marche. Mais tenez pour certain qu'il a dû produire des effets analogues, équivalents même, chez telle autre nation, étant donnée l'équivalence morale, économique, artistique et littéraire de cette autre société. Il y a là une nécessité, une contrainte logique que vous ne pouvez éluder. Il faut croire qu'il y a plus d'une manière de vivre et de briller pour les différentes races.

Vous allez peut-être me demander par où la France peut avoir l'équivalent de la solidité anglo-saxonne. Là-dessus je vous livre un aperçu qui est le mot célèbre et profond d'un de nos plus grands esprits : *la France fait ses lois avec des idées* (1). Pourquoi pas? Est-ce que vous ne voyez pas là deux forces légitimes? en tout cas deux forces efficaces et obéies par une race qui est sensible entre toutes aux effets d'idéal et de raison théorique,

---

(1) Voir *la politique libérale* par M. de Rémusat.

une race où l'on a pu faire , du jour au lendemain,
l'égalité des successions, le jury, le système décimal.

Rechercher les empreintes variées de cette qualité ou de
ce travers; détailler par où la France a obtenu et conservé
tous les dons de la plus haute civilisation, comment elle
a tiré du fond commun de l'humanité l'œuvre abondante,
l'office magistral dont elle s'acquitte dans le monde... cela
voudrait un livre et des temps meilleurs. En attendant,
le fait est là. Et ce fait, c'est que la France est au niveau
des sociétés les plus exemplaires en ce qui touche la richesse, la science, les beaux-arts, enfin la moralité légale. J'insiste sur ce dernier point : nous avons depuis 89
une société qui passe pour irreligieuse et qui n'est pas
pour cela plus immorale que d'autres, au compte des sta-
tistiques criminelles. Je laisse de côté la question politique qui reste question parmi nous, et que la France
traite à sa manière. Toujours est-il que la France ayant
grandi et prospéré malgré cela, ayant vécu de tout cela,
il n'y a pas de raison pour qu'elle en meure.

Ce qui fera vivre la France , c'est la France elle-même
en ces masses profondes, laborieuses et amies de la règle
après tout, qui annulent les partis à un moment donné
en les délaissant, qui annulent même les gouvernements
faits comme un parti, qui leur refusent la vie en refusant
de vivre elles-mêmes pour ainsi dire, ce qui est clairement
marqué par l'inertie des capitaux et des consommations.

Il ne faut pas croire que la France aime le désordre
pour lui-même et qu'elle prenne plaisir aux aventures.
Le désordre n'y dure pas, ne s'y établit pas. Quand les
partis, les gouvernements , la capitale ont commis des
crimes ou des violences, la réaction ne tarde pas à se
faire, quelquefois par le fait même de ceux auxquels
l'action est imputable. En tout cas ceux-ci deviennent
impuissants. Rappelez-vous que c'est la Convention

elle-même qui, le 9 thermidor, en a fini avec la Terreur ;
qu'après tant de sang versé elle n'en versa pas au 13 ven-
démiaire, victorieuse d'une insurrection fort illégale ;
qu'au 4 prairial la populace envahit la Convention et
ne put profiter de sa victoire, ce que M. Thiers explique
très-bien par l'inpuissance de ces chefs usés et décriés,
les seuls qui se trouvent à la queue et à la fin des
partis..... Il en fut de même au 15 mai 1848, où l'Assemblée fut envahie, où l'Hôtel-de-Ville vit apparaître
un nouveau gouvernement, sans que cette invasion
et ce gouvernement aient eu la moindre suite.

Ainsi les précédents abondent pour la restauration de
l'ordre et pour montrer la courte domination accordée
parmi nous aux violents, aux excessifs.

Que la concurrence soit partout dans notre société,
depuis l'industrie jusqu'à la souveraineté, depuis la bou-
tique et le salaire jusqu'au trône et à la liste civile, c'est
à coup sûr un état violent ; mais cet état n'est peut-être
qu'une apparence, une surface. Regardez-y de plus près.
Le fond des choses, c'est un peuple de paysans et d'ou-
vriérs qui travaille, qui épargne même avec une rare
pnissance ; c'est une armée qui obéit ; nous n'avons ni la
fainéantise de l'Italien, ni le pronunciamento militaire
de l'Espagne. C'est une race qui a l'instinct vital des sociétés, c'est-à-dire le besoin d'ordre comme pas une ; c'est
une immense majorité de la population qui ne supporte
pas longtemps le trouble apporté à sa vie quotidienne,
qui s'empresse d'éteindre les révolutions, qui réclame et
acclame l'action du gouvernement, la restauration de
l'autorité. Tenez pour certain que les pertubateurs
composent en ce pays une très-faible minorité, que
leur triomphe est toujours un accident, et que cet
accident est toujours suivi d'une prompte et longue
réparation, où le pays reprend ses forces, son aplomb

et sa marche en toutes les voies ascendantes. Je vois dans un écrit du baron Fain qu'en 1812 la garnison du département de la Seine était de deux mille hommes. Telle est la sécurité profonde, l'ordre au maintien facile, qui sait renaître en ce pays. Le péril n'est pas là, c'est-à-dire dans une poignée d'agitateurs, si multipliée qu'elle soit par leur passion et leur activité. Le péril est dans cette masse d'électeurs, nullement factieuse, que le suffrage universel a créée, et qui, paisiblement, régulièrement, pourrait nous faire un mal infini par les forces des lois et de l'État dont elle dispose, si elle trouvait un organe, un champion. Or elle le trouvera dans le pouvoir exécutif s'il reste héréditaire, c'est-à-dire dans la monarchie.

Soit, direz-vous ; il s'agit de faire une république où le pouvoir exécutif sera élu par les grands, où les grands seront défendus par un stathouder et par un sénat, tandis que le peuple aura pour le représenter et le défendre une assemblée issue du suffrage universel. Il me semble que je vois là tous les apprêts d'une terrible bataille. Voilà un état social où tout est arrangé, pesé, équilibré à merveille, mais pour le conflit et la guerre. Les chances sont égales de part et d'autre, bien ménagées, bien réparties, j'en conviens ; mais, enfin une société a-t-elle tout ce qu'il lui faut, parce que la guerre des classes et des intérêts y est organisée d'une manière équitable ?

Grave objection, s'il n'y avait que la société politique parmi nous ; mais, encore une fois, il y a la société travailleuse, agricole, industrielle, pour mettre son aplomb partout, pour imposer la paix du peuple aux partis et au gouvernement. Notre passé est plein des restaurations qu'elle a faites en ce pays, et l'on ne voit pas pourquoi l'avenir différerait du passé.

Au surplus, que voulez-vous, que préférez-vous, si une république ainsi faite ne vous convient pas? Vous ne pouvez faire la monarchie, puisque vous êtes trois partis à la vouloir chacun pour son prétendant. Comment durerait-elle? Comment naîtrait-elle surtout? Sans compter que ce monarque a devant lui une carrière, une prédestination de César, tracée par le suffrage universel. Si la monarchie vous échappe et si toute république vous déplaît, il ne reste selon moi que deux partis à prendre :

L'un est de créer la dictature, c'est-à-dire un régime où le pouvoir exécutif, désormais absolu, indépendant des masses et des grands, peut contenir les unes et protéger les autres... seulement, rappelez-vous l'empire ! L'autre est de rétablir la monarchie, mais avec abolition préalable du suffrage universel pour restituer à la monarchie son indépendance à l'égard du peuple..... Essayez!

Mais je sens bien que la dictature vous sourit, et je veux m'en expliquer à fond. D'abord, elle suppose un dictateur; ne l'est pas qui veut ou qui l'on veut; il faut faut pour cela un nom prestigieux ou l'éclat des services rendus au pays. J'ajoute que la dictature ne suffirait pas ; je vous prie bien de considérer que, pour faire un bon service, elle aurait besoin d'être une terreur; que tel a été l'empire au Coup d'Etat, et même après l'attentat d'Orsini, où chaque sous-préfet reçut l'ordre de désigner deux personnes pour des mesures de sûreté générale; que cette histoire n'a jamais été racontée dans ses détails authentiques, mais qu'on n'écrase pas à moins une nation comme la France, une capitale comme Paris, une souveraineté comme le suffrage universel. Remarquez ce dernier point qui reparaît à tout propos, qui est le fond brûlant de la situation.

Que le pays se taise, c'est quelque chose; mais cela

ne suffit pas dans un pays à suffrage universel ; il faut encore imposer aux citoyens l'obéissance, l'abdication. Car le pays a bien d'autres droits que celui d'écrire ou de lire un journal ; il a le droit d'élire ses représentants, et ses élus ont le droit de voter l'impôt. Or, si l'on veut anéantir et sécher de pareils **droits** qui peuvent, à chaque instant, se changer en mandats impératifs, en volontés impérieuses, en déploiement de souveraineté. ., il faut terrifier ce pays.

Il faut faire bien entendre à chaque citoyen, par des exemples et par des exécutions, qu'il a l'air d'avoir des droits, mais qu'il n'en a pas, et qu'il essayerait en vain de les exercer ; que ces droits n'ont de garantie ni à la tribune, ni dans les journaux, ni parmi les juges ; que, s'il fait mine d'en user par les voies légales, il aura affaire aux pleins pouvoirs du préfet, aux arrêtés de conflit ; qu'à la moindre émotion des rues il y trouvera la police avec des ordres à tout casser ; qu'il a le gendarme pour espion, le juge pour ennemi, le juge le plus élevé qui verra du colportage (à quoi sert donc l'inamovibilité !..) dans l'envoi d'un bulletin électoral, l'imprimeur de son livre pour censeur, le maire pour délateur, auquel on demandera un état des habitants divisés en trois catégories d'opinion politique ; qu'on usera contre lui de l'arbitraire et de certains néologismes, *transportation, internement ;* mais surtout qu'on abusera de la loi, de cette loi française qui a l'œil et la main partout, par le fait des autorités locales, par la voie des arrêtés de police. Malgré cela, quelques âmes resteront debout, mais sans afficheur, sans imprimeur, sans électeurs. Qui voudrait seulement leur bulletin de candidat indépendant ? Des années se passeront, dix années peut-être, sans qu'elles rencontrent ces auxiliaires...

Je ne saurais trop le dire : si les classes supérieures

renoncent à se protéger elles-mêmes, elles ne peuvent être protégées qu'à ce prix énorme. Cette terreur est nécessaire, même la presse étant annulée, si le suffrage universel persiste avec ses droits souverains qui peuvent s'éveiller et éclater d'un moment à l'autre; elle est nécessaire pour faire passer au peuple le goût de ses droits et l'envie de s'en servir. Que si, au contraire, les classes supérieures entendent se protéger elles-mêmes, il faut pour cela qu'elles n'aient plus de trône à se disputer et qu'elles arrivent ainsi à la fusion politique, où les attend le plein exercice de leur suprématie naturelle. Dans le premier cas, celui d'une protection extérieure, elles perdent la liberté et n'obtiennent qu'une sécurité précaire par des moyens violents. Dans le second cas, elles conservent la liberté et fondent une sécurité durable sur la base légitime du pouvoir qui appartient à l'élite d'une société.

Cette solution vous est imposée par les événements, mais surtout par une institution. Le suffrage universel est là qui vous force la main, qui vous fait la loi, qui détermine, quoique vous en ayez, la forme du gouvernement. Vous êtes obligé d'adopter la République, qui vous unira contre lui; vous n'êtes pas libre d'adopter la monarchie parlementaire qui vous diviserait devant lui, encore moins la monarchie dictatoriale qui vous dégraderait.

Mais, dites-vous, la monarchie, sous cette dernière forme, nous a valu dix-huit ans de calme dans les rues. C'est beaucoup en France..... — Oui, mais c'est cher, si cela se trouve entre la terreur d'un Coup d'Etat et la terreur d'une invasion; si, en outre, cette longueur de temps et cette lourdeur de régime n'ont rien produit qui vaille en fait de talents et de caractères à l'usage de nos sinistres actuels. Voilà le grief! Tout est mal qui com-

mence violemment, qui continue dans le vide et la stéri-
lité, pour finir comme un vertige et comme une catastrophe.

Nous avons tout ce qu'il faut aujourd'hui pour faire
une république avec des institutions prévoyantes et fortes. Trouver ou imaginer ces institutions, n'est pas le
plus difficile. Les exemples en sont partout, quand ça
ne serait qu'aux Etats-Unis où le président n'est pas élu
par le suffrage universel, où deux assemblées différem-
ment élues se partagent le pouvoir législatif. Si ces
exemples n'existaient pas, il serait facile d'y suppléer.
C'est une de ces œuvres qui ne dépassent pas l'aptitude
humaine, qui demandent simplement des connaissances
et de la réflexion. Je ne sache rien de mieux là-dessus
que certain chapitre du feu duc de Broglie, dans le livre
qu'il a intitulé : *Vues sur le gouvernement de la France.*
Vous y trouverez tous les développements désirables
sur l'organisation et les attributions d'un sénat. Encore
une fois la difficulté n'est pas là. Le problème ou plutôt
l'angoisse est de savoir si la démocratie voudra bien subir
les tempéraments et les contrepoids qu'on lui destine?
Voilà l'obstacle où nous avons échoué jusqu'à ce jour,
notamment en 1848. La grande affaire est de trouver une
assemblée issue du suffrage universel, qui ose prémé-
diter, qui ose écrire ces institutions répressives de son
auguste maître. Or, aujourd'hui, cette assemblée est
toute trouvée; nous la tenons; il ne lui reste plus qu'à
vouloir user ainsi de sa souveraineté. Nous sommes dans
cette situation particulière qu'une assemblée issue du suffrage universel, élue au sortir d'une révolution, est pourtant une assemblée où le sens démocratique ne règne pas
en maître absolu, où tous les intérêts, toutes les classes,
tous les esprits ont leurs représentants. Bref, l'Assemblée
n'est pas purement démocratique, la situation n'est pas

purement révolutionnaire, comme étaient l'Assemblée et la situation en 1848. Nos malheurs du dehors ont mis leur empreinte sur les hommes et sur les choses du jour. Pour la première fois depuis longtemps, nous avons vu, dans nos affaires publiques, quelque chose qui peut s'appeler compromis, patience, prise en considération d'autrui, sagesse enfin. Le moment est inouï et solennel. Il faut mettre à profit sans hésitation ce qu'il contient de facilités pour le salut. Regardez bien cette assemblée dont vous êtes peu ébloui; vous n'en reverrez jamais une pareille, monarchique, mais qui n'a pas fait la monarchie, qui a souscrit le pacte de Bordeaux, qui s'est imposé un essai de république, tout cela pour épargner au pays la guerre civile. Rien ne répond mieux à l'esprit de notre société que cet esprit de l'Assemblée. Mais encore faut-il qu'elle achève son œuvre et change le provisoire en définitif. Cela n'appartient qu'à elle. Une assemblée monarchique est seule capable de faire une bonne constitution républicaine. La pire aventure serait qu'elle se retirât sans avoir fixé nos institutions. Vous n'avez pas le droit, lui dirai-je, de jouer ainsi avec le salut de la France qui est entre vos mains ; vous n'avez pas le droit d'abdiquer, pas même de chercher un nouveau mandat. Laissez là vos scrupules et vos répugnances. Si vous repoussez ce calice, l'histoire saura qu'en penser; elle dira que la République a échoué et que le despotisme ou l'anarchie ont reparu en France, non parce que le peuple manquait de modération, mais parce que l'aristocratie a manqué de sens et de virilité politiques, parce qu'elle n'a pas osé s'emparer de la République, en faire les lois, en devenir le gouvernement.

Vous pensez peut-être que cette Assemblée ne pourra pas faire la monarchie, ne voudra pas faire la République, et qu'elle se retirera tout entière sans avoir rien constitué, après quoi nous aurions une assemblée ultra-démocratique, faisant une constitution à son image, et nous rejetant ainsi dans les chaînes de quelque dictature. C'est une hypothèse comme une autre. J'aime mieux prévoir une solution honorable. Il est permis de l'espérer telle, si nous prenons notre parti de la République, une forme de gouvernement qui est nécessaire, parce que la monarchie a perdu ses titres aussi bien que ses chances, et si nous organisons la République dans notre sagesse actuelle et relative, au lieu de livrer cette organisation à l'avenir, qui aura ses passions et qui les mettra dans ses lois, avec la conséquence de nous ramener quelque chose comme l'Empire, sans le nom et le prestige dont jouissait l'Empire à ses débuts.

Paris. — Typ. A. PARENT, rue Monsieur-le-Prince, 31.

www.ingramcontent.com/pod-product-compliance
Lightning Source LLC
LaVergne TN
LVHW012059030726
842523LV00002B/615